I bambini devono essere felici. Non farci felici...

© 2024 by EDICART
EDICART è un marchio EDICART Style
Via Jucker, 28 - Legnano (MI) - Italia
Testi di *Elisabetta Rossini* e *Elena Urso*
Illustrazioni di *Elisabetta Rossini*

www.consulenzafamiliare.com
Consulenza Pedagogica Rossini - Urso

www.edicart.it

I bambini devono essere felici. Non farci felici...

Elisabetta Rossini - Elena Urso

EDICART

Ogni bambino

ha il diritto di andare a letto sereno.

Qualunque cosa sia successa durante la giornata,

al momento della nanna diciamo sempre:

"Ti voglio bene".

È il modo più bello per addormentarsi...

Le regole

che mamma e papà danno

sono la prima forma di libertà.

Concedere ai bambini

tutto quello che vogliono è sbagliato, si sa.

Ma è sbagliato anche per un motivo a cui non sempre si pensa:

i piccoli confonderanno

la tolleranza con l'indifferenza.

Ed è un dolore troppo grande.

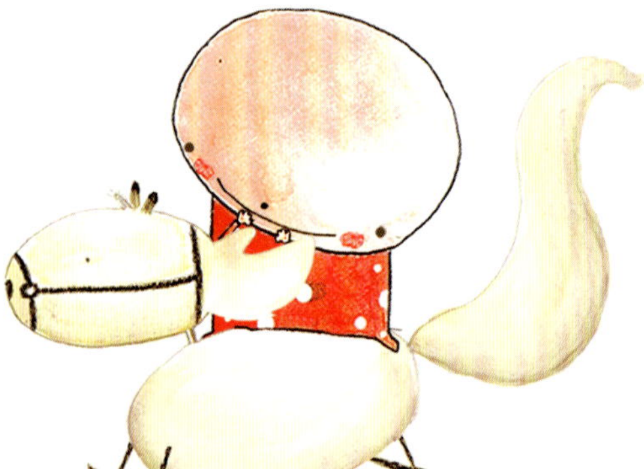

Non può esserci

un buon apprendimento

senza una relazione affettiva.

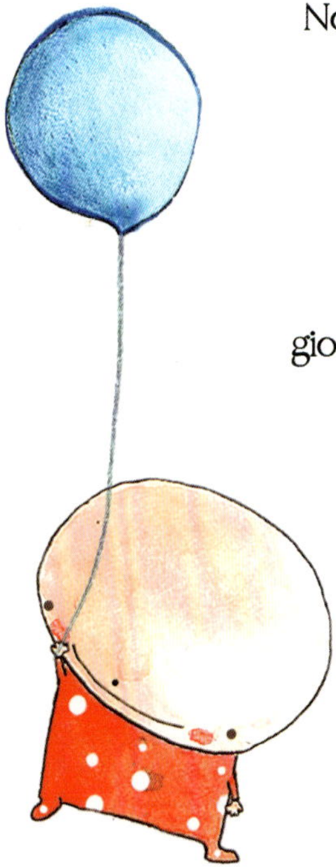

"Non cammina ancora? Dice così poche parole?
Non sa contare? Non sa neanche scrivere il suo nome?"

"No, non ancora...
Però può disegnare un sole verde e un prato blu,
può sconfiggere mostri e credere alle fate,
gioca con un cane parlante e ascolta un amico invisibile.
Ha poteri magici e vive in un mondo incantato."

"E quindi cosa sa fare?"

"Sa fare il bambino. E sa (di) essere speciale."

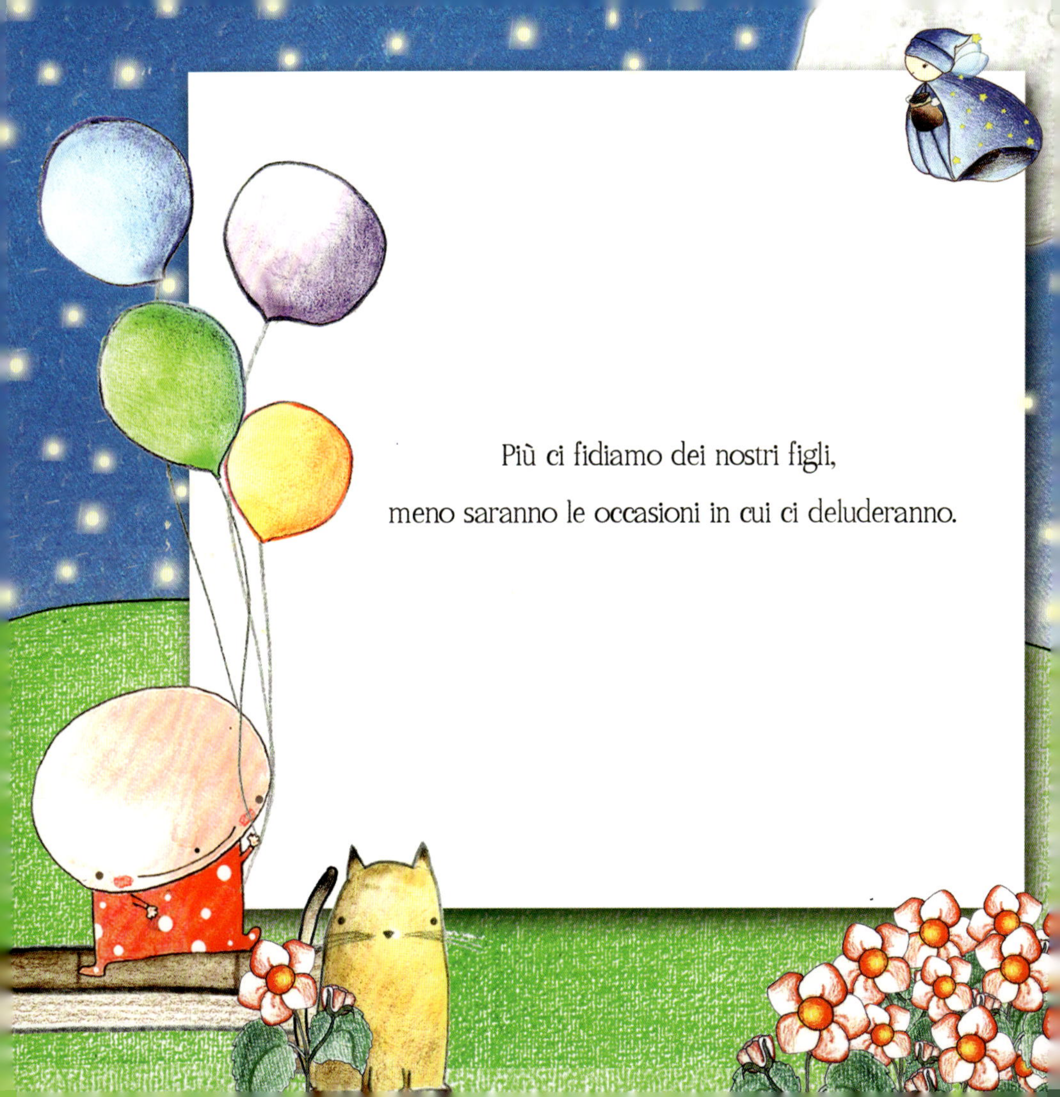

Più ci fidiamo dei nostri figli,

meno saranno le occasioni in cui ci deluderanno.

A volte non c'è motivo per dire bravo a un bambino.

Davanti a un disegno

o a un semplice scarabocchio, ad esempio,

perché non domandargli:

“Mi racconti il tuo disegno?”.

Gli chiederemo di parlarci di sé.

Senza giudizi, ma con un autentico interesse.

Per stimolare il linguaggio dei bambini,
parliamo tanto con loro.
E parliamo bene:
utilizziamo molte parole, scelte
e scandite con cura.

Un bambino

impara più facilmente

quello che può fare rispetto a quello che non può fare.

Proviamo allora a trasformare le regole in positivo:

è più bello imparare che a tavola

si mangia e si parla con mamma e papà,

piuttosto che pensare alla tavola

come al posto in cui NON si gioca.

Niente più dell'osservare discretamente

un bambino mentre gioca

ci fa capire come

il bambino vede il mondo

in quel momento.

Abituiamo i bambini a prestare attenzione ai suoni,
agli odori, ai gusti, alle sensazioni tattili
e a osservare ciò che li circonda.
La conoscenza del mondo passa attraverso il corpo,
ma spesso si ferma alla vista.

Se i bambini imparano col sorriso,

imparano bene, imparano prima,

imparano sereni.

Un bambino che tiranneggia gli adulti
non è un bambino sereno.
È un bambino che cerca aiuto e tenta di ottenere
ciò che non gli viene dato:
confini certi entro cui muoversi con autonomia e sicurezza.
Noi adulti
abbiamo il dovere di delimitare tali confini
e di essere i suoi punti di riferimento
solidi e costanti.

Cerchiamo di avere un tono di voce dolce
quando parliamo con i bambini.
Rivolgersi a loro con dolcezza
è una prova di forza, non di debolezza.

I bambini possono imparare ad ascoltare

solo se prima hanno imparato a essere ascoltati.

E avere l'attenzione di mamma e papà

è il modo più bello per imparare ad ascoltare il mondo.

Quando parliamo con i bambini,
spesso ci dimentichiamo
della prospettiva da cui ci guardano:
i piccoli vedono il nostro viso dal basso!
Cambiamo noi la loro visuale
e mettiamoci alla loro altezza un po' più spesso.
Quello che vedranno sarà più armonioso
e le comunicazioni più belle.
Perché ci guarderanno negli occhi.

Di fronte a situazioni sconosciute,

quando i bambini sono piccoli

è come se prendessero in prestito

le emozioni dei genitori:

se ci mostriamo sereni,

vivranno la novità con sicurezza.

Cerchiamo di fare in modo
che i bambini si ricordino di più
le volte in cui sono riusciti in qualcosa,
rispetto alle volte in cui non ce l'hanno fatta.
Come?
Proviamo a essere noi la memoria
dei loro piccoli e grandi successi.

Se i bambini sono intenti a giocare da soli

e parlano, inventano e confabulano tra sé e sé,

cerchiamo di non interferire.

È un momento assoluto:

i nostri interventi rovinano il gioco

e violano il loro spazio e la loro fantasia.

Un bambino piccolo che dice:

"Ho aprito un cassetto"

ci dimostra di aver acquisito un'importante capacità:

dopo aver appreso il linguaggio per imitazione,

ora lo costruisce in modo attivo.

E questo lo porta ad essere ipercorretto.

Questo errore, quindi,

è una grande conquista!

Insegnare ai bambini a fare da soli è importante,

perché si promuove l'autonomia,

si permette loro di crescere, si coltiva la loro autostima.

Insegnare ai bambini a fare da soli è importante,

perché si sentono felici.

Felici di essere capaci come mamma e papà.

Quando ci sentiamo tristi,

non sentiamoci in colpa a mostrare ai bambini

i nostri sentimenti.

Non è così che li possiamo ferire.

Li feriamo se ci mostriamo privi di sentimenti.

Vogliamo stimolare

la capacità di attenzione del nostro bambino?

Interveniamo meno noi e lasciamo fare di più a lui.

Soprattutto mentre gioca.

La famiglia è l'unico luogo

in cui un bambino può pretendere la serenità.

Quando il nostro bambino urla,

noi abbassiamo la voce.

Otterremo un effetto sorpresa

che catturerà la sua attenzione,

eviteremo una deleteria escalation

e gli mostreremo che c'è un altro modo

per comunicare.

"Attento!"

Tempestare la giornata di un bambino

di simili esortazioni

significa trasmettere l'idea

che il mondo sia pieno di insidie

e che si debba vivere sempre in allerta.

Limitiamo queste espressioni

alle situazioni davvero pericolose.

Ogni tanto

lasciamo il beneficio del dubbio ai nostri bambini:

se non fanno

ciò che abbiamo appena chiesto loro,

forse è perché non hanno capito.

E hanno detto Sì per compiacere noi.

I neonati percepiscono il proprio corpo
come un insieme disgregato di varie parti.
Le cure e gli sguardi della mamma
rimandano loro un'immagine unificata di sé.

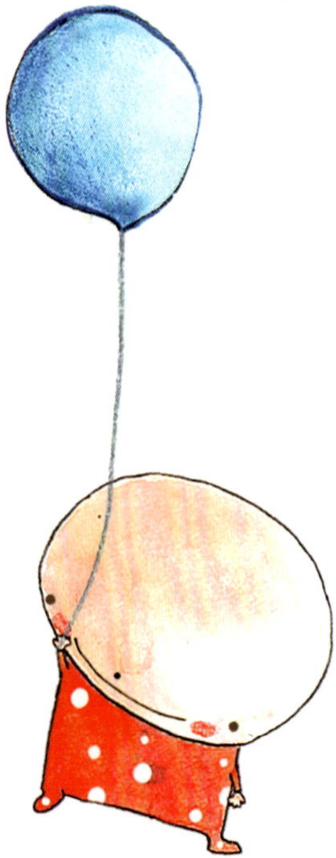

Le reazioni esagerate e i capricci dei bambini
non hanno il solo scopo di far arrabbiare
mamma e papà.
I bambini scoprono ogni giorno
che NON tutto procede come vogliono loro
e, giustamente!, ciò li fa infuriare.

I bambini possono riconoscere

un'emozione provata da un'altra persona

solo se prima è stata provata da loro.

È come se si rispecchiassero e riconoscessero un'immagine,

perché l'hanno già vista prima.

Ecco perché è fondamentale

che i piccoli possano vivere sulla propria pelle

tutte le emozioni.

Per poter essere in sintonia con sé e con gli altri.

Diamo tempo ai bambini di passare
dall'essere persone che conoscono le regole
a essere persone che scelgono di comportarsi
in base alle regole.

Per imparare a camminare, i bambini devono cadere.

Per imparare a mangiare da soli, devono sporcarsi.

Per imparare a costruire intere frasi,
devono prima pronunciare singole parole.

Per imparare a controllare la rabbia,
devono prima arrabbiarsi.

E le prime volte lo faranno inevitabilmente male!

L'infanzia è fatta di conquiste.

Ciò di cui un bambino ha bisogno è una guida,

non un giudice.

Proviamo a legarci la mano destra
e a fare tutto con la mano sinistra,
anche solo per dieci minuti.
Combineremo certo qualche disastro!
Pensiamo che questo è ciò che accade a un bambino
che sta imparando a muoversi,
ad afferrare gli oggetti e a mangiare da solo.
Forse così saremo più pazienti!

Se mamma e papà contengono l'angoscia
quando si devono separare dal proprio bambino,
allora il piccolo si sentirà sicuro
e conserverà dentro di sé l'immagine del loro amore.

A voi piacerebbe essere sballottati qua e là

senza sapere cosa vi aspetta?

Ai bambini piace ancora meno.

Ecco perché ci chiedono sempre cosa faremo.

Rispondiamo con pazienza, tutti i giorni...

Quando dobbiamo comunicare qualcosa di importante ai figli,
il momento giusto
è quello in cui ci sentiamo pronti
a rispondere alle loro domande e a contenere le loro ansie.

Le stelle vivono nel cielo e il sole la sera va a dormire.

Verità per i bambini

e poesia per un adulto,

capace di accettare il loro punto di vista.

I bambini

hanno bisogno di formule magiche

per sconfiggere le paure e superare i timori.

"Mamma e papà ci sono sempre per te"

è la formula magica più dolce ed efficace

per ogni bambino.

Cosa c'è dietro il no di un genitore?
"Io potrei darti tutto quello che vuoi,
ma non lo faccio,
perché devi imparare a conquistarlo da solo.
Fuori di qui, infatti,
non ci saranno altre mamme o altri papà,
ma tu sarai forte abbastanza
perché saprai che non basta piangere
per ottenere ciò che si vuole.
Saprai che dovrai impegnarti per raggiungerlo
e avrai le capacità per farlo".

Quando stiamo lontani dal nostro bambino,

al ritorno diciamogli:

"Mi sei mancato".

Sapere di essere sempre

nel cuore della mamma e del papà

dona fiducia e tranquillità.

Ed è una conferma d'amore.

"Far finta di essere."
è un gioco molto serio,
perché il bambino dà corpo e forma
a parti di sé e del mondo che gli procurano ansie e paure.
Attraverso il gioco impara a conoscerle e a controllarle.

I giochi sofisticati

sono belli, seducenti, quasi perfetti;

questa perfezione, però, indebolisce la fantasia dei bambini,

perché non è necessario utilizzarla per giocarci.

Lasciamo ai piccoli anche oggetti semplici, quotidiani...

saranno loro a trasformarli in giochi perfetti!

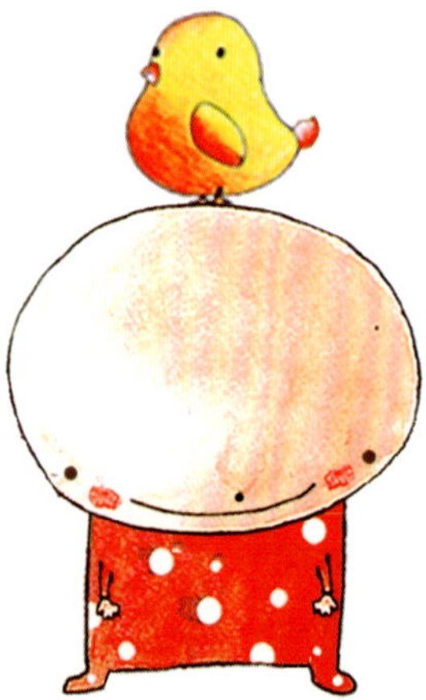

Esortare di continuo un bambino

al confronto con gli altri

significa indurlo a valutare sempre le proprie azioni

in termini di “meglio o peggio”.

E a svalutare se stesso.

Il silenzio è un suono raro
e i bambini devono poterlo ascoltare.
Cerchiamo di evitare sottofondi continui.
È attraverso il silenzio
che i bambini scoprono e riconoscono suoni e rumori
che altrimenti non potrebbero neppure sentire.
E lì trovano la concentrazione.

I bambini imparano a fare bene
quello che possono sbagliare più volte.

Quando i bambini sono piccoli

è difficile giocare con loro

se non facciamo tutto quello che dicono o vogliono.

Per una volta è giusto così!

Perché nel gioco i bambini sperimentano

la propria onnipotenza.

Educare i bambini alla bellezza

è uno splendido insegnamento.

Ma cerchiamo di educarli

alle diverse forme di bellezza,

non solo a quella fisica.

Accontentiamo i bambini in tutto.

È il modo migliore per renderli

INFELICI.

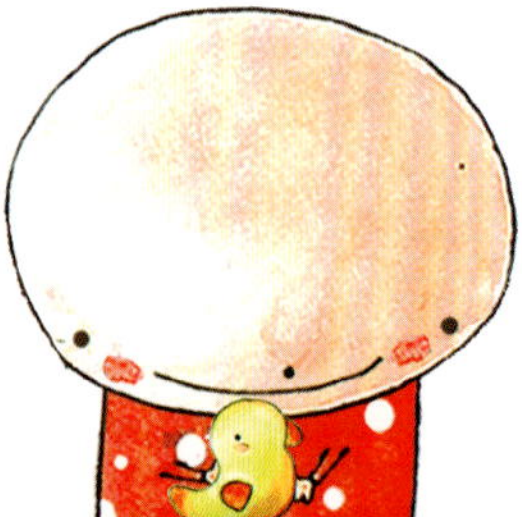

I no

sono necessari al bambino

per capire cosa può e non può fare.

Sono indispensabili per il suo benessere,

per imparare a discernere

tra giusto e sbagliato e, cosa importantissima,

saper dire no a sua volta.

Per crescere sicuri,

i bambini devono sentire non solo che li amiamo,

ma anche che ci piacciono.

Così come sono.

Permettiamo ai bambini

di utilizzare in modo improprio giochi e oggetti.

Avranno tutta la vita

per usare una scatola solo come una scatola.

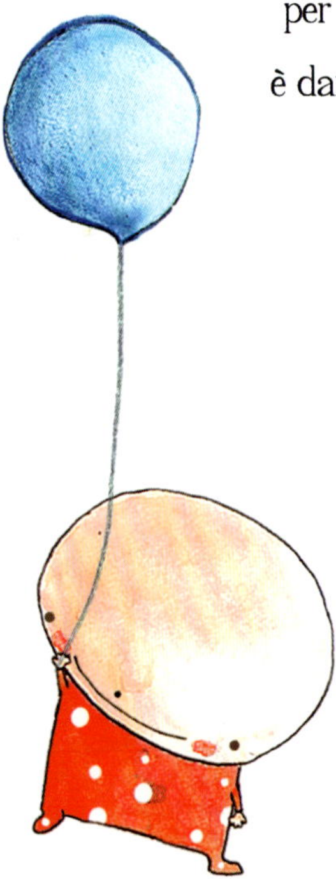

La migliore conseguenza
per un comportamento scorretto di un bambino
è dargli la possibilità di riparare allo sbaglio fatto.
Imparerà che sbagliare è naturale,
sentirà che gli diamo fiducia
e saprà che si può rimediare agli errori.

Il tempo di cui un bambino ha bisogno
per imparare qualcosa
non condizionerà la sua bravura nel farla.

Salire lo scivolo al contrario,
trasformare il letto in un'astronave,
usare i libri come mattoni
e colorare il cielo di verde e il prato di blu.
Questo è il fantasmagorico mondo dei bambini.
Non diciamo mai loro che è sbagliato,
perché non lo è.

Mettere le scarpe col tacco della mamma

è un bellissimo gioco.

Avere delle scarpe col tacco pensate apposta per le bambine

NON è un gioco e NON è bello.

Chiediamo sempre a un bambino:

"Come è andata a scuola oggi?",

ma ogni tanto chiediamogli:

"Come ti sei sentito oggi a scuola?".

Il bambino imparerà a prestare attenzione

non solo all'azione, ma anche alle emozioni.

Imparerà a sentire se stesso più profondamente.

Per formare la loro identità,

i bambini devono dire NO alla nostra.

Un prezioso regalo che possiamo fare a un bambino:

essere disposti non solo a insegnare a lui,

ma anche a imparare da lui.

Perché una delle cose che un bambino ci può insegnare

è essere proprio la mamma e il papà adatti per lui.

Crescendo,

i bambini imparano a controllare

la rabbia e l'aggressività da soli,

ma per farlo devono arrabbiarsi

molte volte!

La frustrazione di un bambino davanti a un no

NON

è un trauma per il piccolo,

anzi lo abitua ad affrontare le difficoltà.

Se un bambino cresce convinto

che gli verrà detto sempre sì,

allora il primo no lo sconvolgerà nel profondo.

Per un bambino

la noia è la culla della creatività.

L'indipendenza di un bambino

deve passare attraverso la libertà.

La libertà di sporcarsi, la libertà di cadere,

di sbagliare, di muoversi, di inciampare.

L'indipendenza di un bambino

deve passare attraverso la libertà

di poter fare da solo.

I bambini piccoli
non giocano insieme, giocano vicini.
Prima di giocare con gli altri
devono percorrere alcune tappe.
Evitiamo di forzarli.

Alcuni bambini possono avere paura
anche della loro ombra, letteralmente!
Tutte le scoperte sono tanto emozionanti quanto sconcertanti,
perché si ha di fronte qualcosa che ancora non si conosce.
Prendiamo sul serio anche questa paura:
tutto ciò che da adulti diamo per scontato,
prima abbiamo dovuto scoprirlo anche noi.
Come la nostra ombra...

I bambini hanno bisogno di carezze,

perché

per sentire di esistere

hanno bisogno di sentire di essere amati.

I perché dei bambini sono tanto curiosi quanto numerosi:

affascinati dal mondo,

i piccoli desiderano conoscerlo

anche attraverso le nostre risposte.

Ma non sono solo i bambini a imparare.

Se li ascoltiamo bene,

a ogni perché impariamo a guardare il mondo

attraverso i loro occhi.

Il primo diritto di ogni bambino

è di avere qualcuno che lo ami

incondizionatamente.

Se siamo tristi,

non nascondiamo la tristezza ai nostri bambini,

perché se ne accorgerebbero.

L'importante è comunicare che la tristezza passerà.

Diamo sempre un messaggio di speranza.

Non è vero che per i bambini tutti sono uguali.

Loro vedono le differenze e notano le diversità.

Possono esserne incuriositi e intimoriti.

Ma non hanno pregiudizi.

Proteggiamo i bambini

da un eccesso di stimoli esterni

e concediamo loro un tempo prezioso

per ascoltare gli stimoli interiori.

Un tempo in cui gli stimoli più importanti

sono le cure di mamma e papà.

I bambini sentono le nostre emozioni
più di quanto ascoltino le nostre parole.

Quando stimoliamo un bambino

per insegnargli qualcosa di nuovo,

non sempre la sua reazione è immediata.

Questo non vuol dire che non abbia recepito.

Qualche volta ha bisogno solo di un po' più di tempo

per interiorizzare e rispondere.

Ha bisogno del suo tempo.

I bambini vivono momenti di pianto,
di tristezza e di sconforto,
che a volte non sanno spiegare.
Proviamo a non chiedere sempre,
perché non sempre è importante capire.
L'importante è esserci.

Lasciamo ai bambini la libertà.

La libertà di essere quello che vogliono.

E i bambini sono soprattutto conformisti,

perché non sanno ancora come sono

e allora vogliono essere come gli altri.

Solo così, domani, potranno essere diversi.

Solo così potranno essere se stessi.

Accompagniamo i bambini nelle loro paure.
Non ridicolizziamole né sminuiamole.
Insegneremo loro il coraggio,
perché solo se si prova paura
si può imparare a essere coraggiosi.

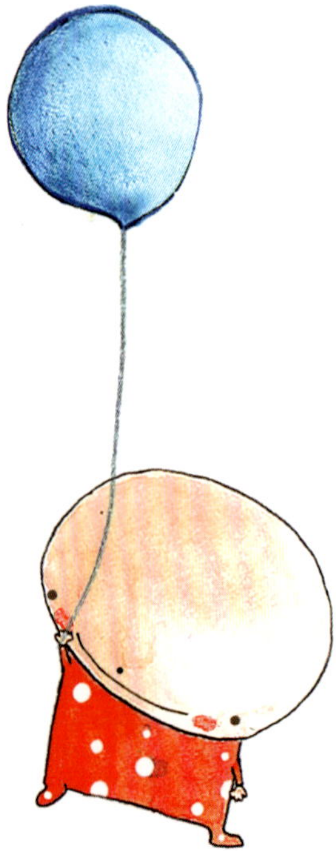

Sapere che cosa lo attende

è ciò che fa crescere in un bambino

la fiducia in noi, nel mondo e in se stessi.

La gelosia è un'emozione sana.

Perché un bambino possa viverla serenamente

e trasformarla in amore,

ricordiamoci sempre che

anche il fratello maggiore è un bambino e che,

ancora più di prima,

ha bisogno di gesti concreti d'amore.

Solo per lui.

Il papà

trasforma la diade mamma-bambino in una triade,

portandovi un elemento nuovo di diversificazione.

La sua presenza consente al bambino

di differenziare voci, emozioni e odori.

E di incontrare un nuovo amore.

Se ti dico che ho sentito un cagnolino parlare,

non dirmi che non è vero.

Chiedimi cosa mi ha detto.

Ti parlerà di me...

Il tempo dei bambini non è quello degli adulti.

È il tempo del qui e ora.

È un presente che può diventare infinito,

nel bene e nel male,

se non è scandito

da ritualità ripetute, sicure e rassicuranti.

A volte ci sembra

che i bambini vogliano fare cose assurde.

Ai bambini sembra che impediamo loro

di fare cose meravigliose.

Diversi punti di vista!

Ricordiamoci sempre che il nostro compito
è di porre limiti per la sicurezza dei piccoli.
Il loro è di oltrepassarli per crescere.

A tutti capita di urlare,
ma quando urliamo,
i bambini sentono solo rumore
e non capiscono le nostre parole.
Ecco perché è inutile.
Non è certo facile,
ma quando non riusciamo a trattenerci,
prendiamoci un momento
e poi torniamo dal nostro bambino
per spiegargli con calma perché ci siamo arrabbiati.

Insegnare l'amore non richiede discorsi elaborati,

ma gesti piccoli e concreti.

Ogni giorno.

Quando riteniamo

che i bambini debbano fare qualcosa,

evitiamo di chiederlo loro.

Una domanda presuppone

che la risposta possa essere anche un no!

Comunichiamolo come un'affermazione.

I bambini possono permettersi tante cose:

egoismo, irresponsabilità, incoscienza.

I genitori no.

Per i bambini

ogni cosa è fatta per qualcosa di specifico:

il giorno è fatto per giocare, la notte per dormire,

il sole per illuminare...

e tutte le cose sono fatte proprio per loro!

Questa è una forma di egocentrismo tenera e dolce

ed è funzionale alla crescita.

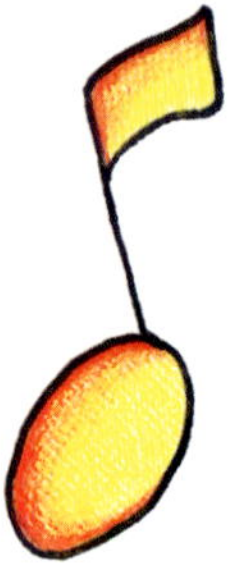

Perdere la pazienza,

avere reazioni un po' esagerate,

non riuscire a capire certi comportamenti del proprio bambino

è naturale.

È parte dell'essere genitori.

Ed è parte dell'essere buoni genitori

tornare dal proprio bambino quando si ha esagerato e dirgli:

"Mi dispiace per la reazione che ho avuto".

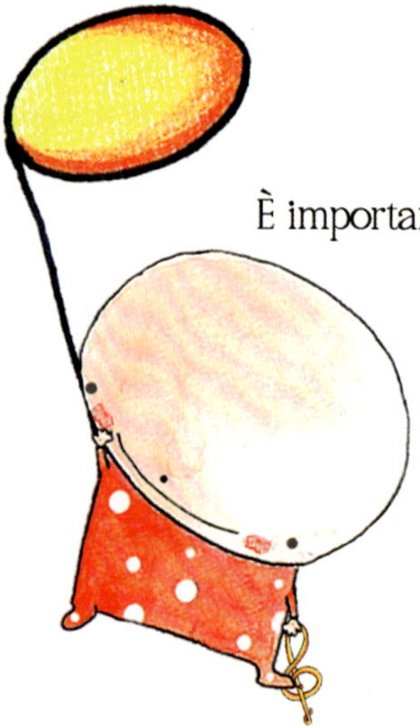

Non è importante, né umano,

non perdere mai la pazienza.

È importante rientrare in sintonia e riparare la relazione,

perché è in questa dinamica

che un bambino trova

l'equilibrio, la fiducia e la bellezza

di essere amati, imperfetti e umani.

Insegniamo ai bambini a fare da soli.

Ma NON facciamoli sentire soli.

Spesso i bambini

dedicano molto tempo all'allestimento di un gioco:

la sala da tè per le bambole o una pista da corsa per le macchinine...

senza poi utilizzarle davvero!

Ma il gioco è in quel momento,

perché è lì che la loro immaginazione prende forma.

La prima forma di moralità

non è insegnata a parole,

ma nasce per imitazione.

I bambini vogliono assomigliare

alle prime persone che ammirano.

I bambini vogliono assomigliare

a mamma e papà.

Quando non ci sentiamo ascoltati, ci arrabbiamo.

Quando ci sembra di non essere tenuti in considerazione, ci irritiamo.

Quando non sappiamo esattamente cosa vogliamo, ci infastidiamo.

Quando pensiamo di aver subito un torto, ci infuriamo.

Però...

Quando un bambino non si sente ascoltato, fa i capricci.

Quando non si sente tenuto in considerazione, fa i capricci.

Quando non sa esattamente cosa vuole, fa i capricci.

Quando pensa di aver subìto un torto, fa i capricci.

Troppi stati d'animo per una sola parola...

Attraverso i disegni

i bambini spesso esprimono

quello che ancora non sanno dire a parole.

Non cercano ammirazione o un nostro significato,

ma un modo per comunicare.

Quando intorno ai 2-3 anni

i bambini ci chiedono a gran voce cerotti

per graffi impercettibili o addirittura immaginari,

non stanno facendo i capricci.

La consapevolezza di sé come persona sta nascendo,

come anche quella del proprio corpo come contenitore di se stesso.

E un graffio è un'apertura che non dovrebbe esserci in un contenitore.

Un cerotto è ciò che rattoppa quell'apertura e ristabilisce l'integrità.

E se accompagnato da un piccolo bacio,

oltre a chiudere l'apertura,

apre alla comprensione...

Molto spesso

quando un giocattolo si rompe

per noi adulti diventa inutile.

Per i bambini, invece,

i pezzi di un giocattolo rotto

diventano nuovi giochi.

Abbiamo mai presentato

la rabbia, la tristezza, la felicità o la paura al nostro bambino?

Proviamo a dirgli:

"Ecco, quello che senti dentro si chiama rabbia...".

Presentiamo le emozioni ai bambini,

come facciamo con le persone o gli oggetti che li circondano.

Il primo passo per conoscere e riconoscere qualcosa

è potergli dare un nome.

Anche se non si vede....

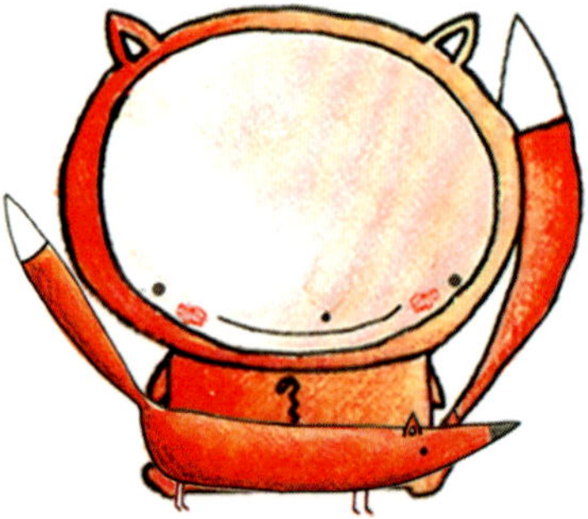

Rispettiamo i tempi dei bambini:

più veloce NON vuol dire per forza più bravo.

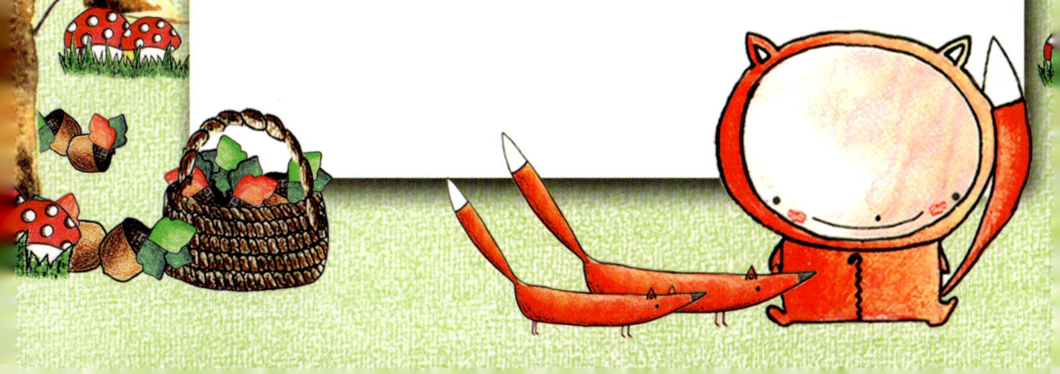

A volte i bambini continuano a chiamarci

anche se abbiamo già detto loro più volte:

"Dimmi, cosa c'è?".

Solo quando ci avviciniamo a loro e li guardiamo negli occhi

sembra che la nostra frase sia stata ascoltata.

Non è un dispetto.

Per un lungo tempo i bambini hanno bisogno di essere visti

per sentirsi davvero in relazione.

Per sentire davvero se stessi negli occhi di mamma e papà.

La gelosia di un bambino
per la nascita di un fratellino
è una sofferenza,
non una colpa.

Gli stessi rituali, attività rilassanti,
un momento speciale dedicato alle coccole e alla lettura di una fiaba
accompagnano con più serenità i bambini verso l'ora della nanna.
Tocca a noi preparare il nostro piccolo a questo momento
perché per un bambino

"Dormire è distrarsi dal mondo"
(Borges)

E i bambini, fortunatamente, sono attratti dal mondo.

Quando regaliamo un gioco a un bambino,

proviamo a non dare importanza

solo a quello che imparerà.

Regaliamogli anche la libertà di giocarci come vuole.

Nessun libretto di istruzioni

può essere meglio della fantasia di un bambino.

Quando chiediamo a un neonato

"Cosa c'è, amore? Perché piangi?",

non ci aspettiamo davvero una risposta.

Ma quando lo chiediamo a un bambino che ha appena iniziato a parlare,

ce la aspettiamo perché ora può dircelo.

Per rispondere a certe domande, però, serve molto di più.

Concediamo ai bambini il tempo

di imparare a trasformare in parole quello che sentono.

I bambini hanno un senso del tempo

diverso dagli adulti.

NON sbagliato, diverso.

Per questo la fretta non funziona con loro.

Incalzarli o sostituirsi a loro per “fare prima”

è inutile e controproducente.

Per fare prima con i bambini

è meglio fare con calma.

L'eccessiva permissività e la tolleranza su tutto
possono essere percepite dai bambini come forme di indifferenza.
E l'indifferenza genera in loro una profonda angoscia.
I bambini hanno bisogno di sapere che siamo interessati a loro.

Anche arrabbiarsi è una dimostrazione d'amore.

Soprattutto quando sono piccoli,

sembra che i bambini giochino a farsi trovare

piuttosto che a nascondersi.

Ed è così,

perché i bambini hanno bisogno di sentire che

mamma e papà

sanno sempre come trovare il loro bambino.

Se nostro figlio ce lo chiede

diciamogli che mamma e papà ci saranno per sempre,

anche se sappiamo che non è possibile.

La domanda nasconde un vitale bisogno di rassicurazione,

non della verità.

I bambini hanno bisogno di concretezza
anche per imparare ad ascoltare.
Invece di dire a un bambino semplicemente
"Ascoltami!",
proviamo a dire:
"Ho bisogno che le tue orecchie mi ascoltino".
La sua attenzione si soffermerà
su una parte concreta del corpo
e questo favorirà la concentrazione
su un processo astratto.

Basta poco per dare vita

a un angolo speciale per ogni bambino,

l'angolo dei travestimenti.

Uno specchio e una scatola da riempire

con qualche vestito, delle scarpe,

collane e bracciali, cappelli e cinture

che noi non usiamo più.

Gli stiamo dando molto più di vecchi oggetti:

gli stiamo donando un angolo perfetto per la sua fantasia.

Amiamo il bambino che abbiamo davanti a noi così com'è.

Non l'idea che abbiamo di lui.

Facciamo attenzione

a non trasmettere a un bambino

l'idea che è bravo solo quando è

"come se non ci fosse".

I bambini sono talmente bravi a compiacerci

che si impegnerebbero a diventare invisibili.

L'indipendenza di un bambino
deve passare attraverso la libertà.
La libertà di sporcarsi,
la libertà di cadere, di sbagliare,
di muoversi, di inciampare.

L'indipendenza di un bambino
deve passare attraverso la libertà
di poter fare da solo.

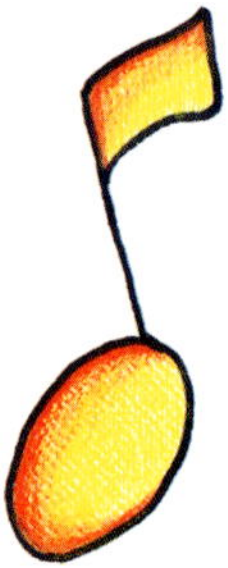

Perché i bambini possano imparare

a rispettare le diversità,

è necessario che le conoscano.

Rispondiamo sempre alle loro domande,

che nascono dalla curiosità,

affinché le mancate risposte non lascino spazio

a una confusione che in futuro si potrà trasformare

in pericolosi pregiudizi.

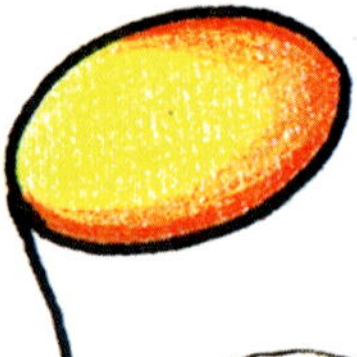

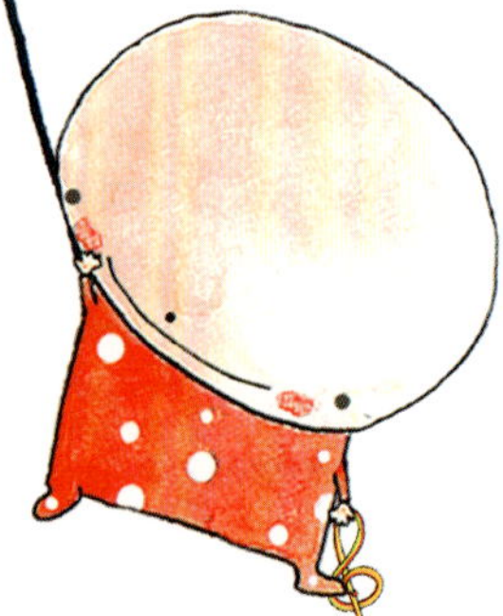

Lo scopo delle regole

che mamma e papà danno ai loro bambini

non è di renderli obbedienti,

bensì responsabili.

Quando un bambino si ammala,

ricordiamoci che abbiamo due piccoli pazienti da curare:

lui e il suo “orsacchiotto”.

Che merita le stesse cure

e aiuta il bambino a trasferire fuori da sé

le molte e comprensibili paure e a gestirle meglio.

Perché se è il suo amico ad avere paura,

lui deve essere coraggioso!

I bimbi si rispecchiano nei nostri occhi.

Il nostro sguardo deve essere uno sguardo d'amore.

Un bambino piccolo cammina verso una presa,
ripete “No, no, no”,
scuote l’indice per rafforzare il divieto,
ma si avvicina inesorabile e tocca lo stesso la presa.
Davanti ai nostri occhi!
Anche se sembra il contrario non ci sta sfidando.
Sapere che una cosa non va fatta e riuscire a non farla
sono faccende molto diverse!
Significa essere capaci di opporsi a se stessi.
Ma nei primi anni di vita i bambini possono opporsi solo agli altri.
E ogni volta che noi li allontaniamo dalla presa,
li avviciniamo alla capacità di fermarsi da soli.

Un bambino piccolo

non può sapere cosa vuol dire domani,

ma sa che c'è un momento della giornata

in cui andrà a dormire quando è buio

e dormirà per tanto.

La nanna è un bel mondo per scandire il tempo che passa

ed è un riferimento concreto per comprendere concetti astratti.

"Dopo la nanna"

è il primo modo per capire il domani.

I bambini belli, buoni e bravi esistono.

Perché i bambini sono belli sempre

anche quando sono sporchi,

sono buoni

anche quando piangono e strillano,

sono bravi

anche quando non fanno quello che diciamo loro.

Perché, per crescere,

hanno bisogno di sporcarsi, piangere e disobbedire.

Non chiediamo MAI a un bambino

di schierarsi dalla parte della mamma o del papà.

Una bacchetta magica fatta con l'aiuto della mamma o del papà
è un regalo bellissimo per un bambino.
Regala magia e immaginazione,
necessita di fantasia e invenzione,
consente di giocare coi propri desideri,
permette di trasformare la realtà secondo il proprio piacere,
di inventare formule magiche
e di avere in un attimo un mondo nuovo.
Anche se tutto rimane uguale.

E questa è la vera magia...

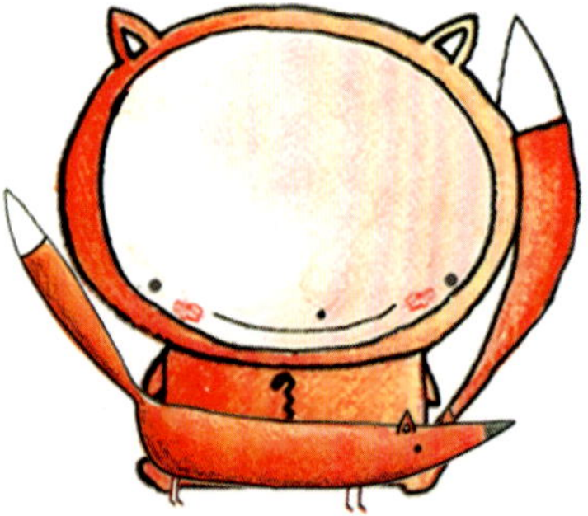

Imparare a fare

è bello e stimolante per un bambino.

Imparare a non fare

è meno bello e più frustrante,

perché significa imparare a non soddisfare i propri desideri.

E questo è molto difficile...

I bambini però devono imparare entrambe le cose

e i grandi devono avere la consapevolezza che

insegnare la prima sarà decisamente più facile della seconda!

E in questa consapevolezza troverà spazio la pazienza...!

Quando un bambino è geloso,
spesso vive delle regressioni che vanno accolte:
è come se il piccolo volesse tornare neonato
quando aveva tutta la mamma per sé
e non pensava che qualcun altro la potesse avere.

Le regole per i bambini

sono come le fondamenta per una casa.

Senza di esse la casa non può stare in piedi.

Quando un bambino comincia la scuola,
doniamogli un piccolo oggetto da portare con sé,
perché possa sentirci vicini anche quando non ci siamo
e possa ritrovarci nel suo pensiero.
Ciò gli permetterà di sentirsi più sicuro in un luogo ancora sconosciuto
e di avere fiducia.
Perché questo piccolo oggetto
gli ricorderà che è nei pensieri di mamma e papà.

Ascoltiamo sempre con attenzione, interesse
e, se possibile, molta calma
le parole di un bambino arrabbiato.

Questo non significa legittimare ogni comportamento,
ma legittimare ogni emozione.

Intorno agli otto mesi,

i bambini scoprono che le cose continuano a esistere

anche quando non le vedono.

Tra queste "cose"

rientrano anche la mamma e il papà.

E lì inizia la nostalgia,

perché c'è memoria della serenità che provano con loro.

Non si misura la bravura di un bambino
in base a quanto non dà fastidio ai grandi.

Quando interveniamo nelle liti tra bambini

cerchiamo di avere

più un ruolo da moderatori che da risolutori.

Quello che dobbiamo offrire ai piccoli

sono gli strumenti per risolvere un conflitto

e non le soluzioni pronte all'uso o la ricerca di un colpevole.

Anche saper litigare è importante!

Sentirsi amato

anche quando dice no e si oppone

a mamma e papà

è uno degli strumenti più efficaci

che possiamo dare a un bambino

per difendersi in futuro.

Perché non avrà paura di dire NO agli altri.

Perché non dobbiamo dire ai bambini
di aggiungere particolari che secondo noi
mancano nei loro disegni?
Perché i bambini non disegnano il mondo intorno a loro.

Disegnano quello che sanno
del mondo intorno a loro in quel momento.

E i particolari li aggiungeranno piano piano,
quando sarà un altro momento.
Il loro momento.

Rispettare le tappe di crescita fisica è facile,

perché sono concrete.

A 3 mesi un bambino non può camminare

e non ci sogneremmo mai di insegnarglielo.

Rispettare lo sviluppo del pensiero è più difficile,

perché è invisibile ai nostri occhi.

Ogni tanto proviamo a lasciare

un solo gioco alla portata dei bambini.

Non poterlo cambiare con un altro,

li indurrà a trovare tutti i modi per utilizzarlo.

Oltre alla fantasia,

ciò stimolerà la capacità di concentrazione e di attenzione.

Dal punto di vista degli adulti,
i bambini hanno paure incomprensibili,
talvolta degne di un sorriso.
Dal punto di vista dei bambini,
anche gli adulti si spaventano in modo strano:
non temono di muoversi in una terrificante stanza buia
ma si terrorizzano se un bambino prova a saltare da un divano.

In una relazione ci sono sempre almeno due punti di vista.
Con i bambini dobbiamo ricordarcelo noi adulti.

"Capisco che tu ti senta così... Cosa si può fare secondo te?"

Proviamo a dire queste parole ai nostri bambini

quando ci raccontano qualcosa che, ad esempio, li ha fatti arrabbiare.

Non stiamo enfatizzando il problema.

Li stiamo aiutando,

perché comunichiamo loro che li capiamo,

accettiamo ogni loro emozione

e diamo loro fiducia nel trovare le soluzioni.

Molto meglio di

"Ma dai, non c'è motivo di arrabbiarsi".

Domandiamo all'inseparabile “orsetto”

del nostro bambino:

“Come ti senti?”.

La sua risposta ci racconterà

come si sente il nostro bambino.

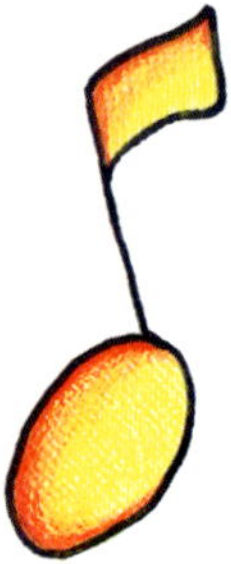

La comodità del passeggino è indubbia.

Ma pensiamo che, da quando un bambino è sicuro,

CAMMINARE

è l'attività fisica migliore che possa fare:

rinforza gambe e schiena;

migliora la postura;

fa acquisire equilibrio;

aumenta sicurezza e autonomia;

modifica il punto di vista dei bambini

e li avvicina al mondo.

E non costa nulla...

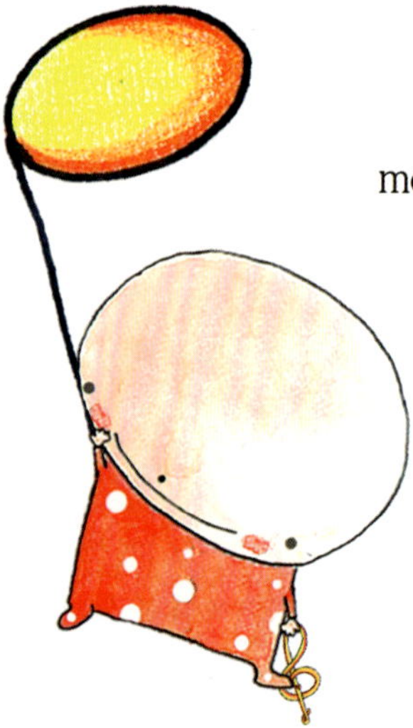

Spesso i bambini sbagliano poco,
perché interveniamo subito prima
che commettano l'errore.

Ma è questo un grande errore!
Gli sbagli devono essere fatti,
non devono solo essere fatti notare da altri.

Solo così i piccoli potranno davvero imparare.

Vedere che i genitori

dedicano attenzione e cura al loro legame

può provocare un po' di gelosia nei bambini,

ma NON li fa sentire deprivati,

anzi li rende felici.

Per loro è importante sentire

che la famiglia è un luogo d'amore.

Contenere con un abbraccio
l'aggressività di un bambino
è uno straordinario atto d'amore.
Per il bambino è davvero liberatorio
sentire di essere amato
anche quando è arrabbiato
e sapere che c'è chi lo ama così tanto
da farsi carico della sua rabbia.

Quando un bambino ci chiede:
"Facciamo che io ero...?"
la trama migliore per questo gioco
è proprio quella che il piccolo sviluppa,
perché è quella che ha bisogno di vivere in quel preciso momento.
Noi siamo chiamati solo come comparse.
Facciamo bene questo ruolo, perché,
anche se secondario,
è quello che consente al vero protagonista di emergere.

Se un bambino trasforma

una scatola in una macchinina,

non vuol dire che desidera una macchinina.

NON corriamo

a prendergliene una più bella, più colorata.

La più bella è proprio quella

che nessun altro può vedere,

perché simbolo perfetto

della sua capacità di immaginare.

Quando un bambino sbaglia,
dovrebbe sentire che papà e mamma
gli danno la possibilità di rimediare all'errore.

Non dovrebbe sentire che cercano un colpevole.

Il primo vocabolario per ogni bambino

sono mamma e papà,

che danno loro con amore

le prime parole per imparare

a nominare e conoscere il mondo.

Concediamo ai bambini

di scoprire che si può sopravvivere,

e bene!,

alla rabbia o alla frustrazione

che derivano dal non ottenere all'istante e sempre

quello che si pensa di volere.

Non subito, ma ce ne saranno grati...

I bambini piccoli amano giocare con le costruzioni

e osservare mamma e papà creare altissime torri.

Ma amano anche distruggerle subito dopo

e lo fanno con grande piacere e veemenza!

Non arrabbiamoci: è un buon modo per affermare se stessi,

conoscere la propria aggressività

e scoprire che si può sopravvivere ad essa...

costruendo un'altra torre.

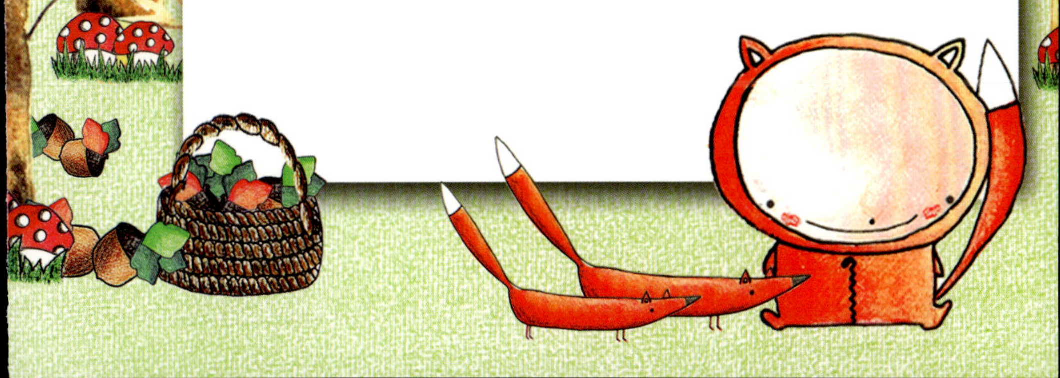

La coerenza di mamma e papà

è una delle migliori chiavi di lettura per un bambino

per interpretare il mondo.

All'inizio della loro vita

i bambini amano mamma e papà come parti di sé.

Poi iniziano ad amarli come persone.

Il primo amore fuori da se stessi.

Il concetto di ordine dei bambini è molto diverso dal nostro.

È un ordine molto più interno che esterno!

Per loro è uno strumento per controllare un mondo sconosciuto e,

per farlo, hanno bisogno di sapere

che le cose sono al loro posto...

anche se non sempre coincide col nostro.

Per loro una cosa è in ordine

quando la ritrovano dove l'hanno lasciata.

Anche in mezzo a una stanza!

A volte

bambini che cercano

attenzione, limiti e amore in modo sbagliato

vengono definiti cattivi.

A volte sono le definizioni a essere cattive.

Sentirsi dire:

“Sai, tu mi hai insegnato a diventare una buona mamma”

aiuta un bambino geloso per la nascita di un fratellino

a sentirsi speciale e importante.

Importante come prima e come sempre.

Quando un bambino piccolo
si nasconde dietro le nostre gambe di fronte a un estraneo,
non sta facendo il timido.
Ha bisogno di un riparo
e di qualcuno che faccia da tramite col mondo esterno.
Chi è dall'altra parte, quindi, non dovrebbe prendersela
e noi dovremmo riuscire a essere
quel tramite forte e rassicurante.
Col tempo imparerà come ci si comporta,
perché per un po' è proprio giusto così.

Ci preoccupiamo sempre

della gelosia del fratello maggiore ed è giusto.

Ma col tempo anche il piccolo può essere geloso,

perché il più grande può fare molte più cose di lui,

le sa fare meglio e ha più libertà.

Valorizziamo quello che il piccolino sa fare

senza ripetergli in continuazione:

"Tu sei piccolo".

Tanto lo sa già.

Quando un bambino sorride a un adulto,
gli sta donando la cosa più preziosa:
la sua fiducia.
Ricambiamo con un sorriso e con la nostra lealtà,
perché non senta mai tradita
quella fiducia riposta in noi.

Prima di nascere

i bambini sentono il battito del cuore della mamma,

i suoi movimenti, i suoi respiri, la sua voce.

Ma sentono anche la voce del papà,

che rimane in loro come una traccia di memoria.

Alla nascita è bello e importante

che ritrovino anche questa voce.

E questo amore...

Dare il massimo a un bambino

NON vuol dire dargli tutto.

Educare attraverso il timore

può dare risultati nell'immediato.

Educare attraverso l'amore li dà anche per il futuro.

Ed è un'educazione migliore.

Ogni tanto

proviamo a non dare le giuste risposte ai bambini.

Proviamo a fare loro le giuste domande:

troveranno da soli la soluzione

e non la scorderanno.

Qual è il trucco per farsi ubbidire dai bambini?

Abbandonare l'idea che esista un trucco,

che sa di inganno,

e pensare che i bambini hanno bisogno di

chiarezza, precisione, pazienza e regole adeguate all'età.

Certo, non le comprenderanno subito, né le rispetteranno.

Ma così daremo loro un'educazione fondata sul rispetto

e non su espedienti.

Perché un bambino impari a perdere,

deve potersi arrabbiare per le prime sconfitte.

Anche molto!

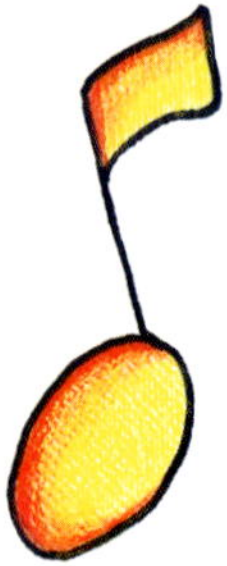

Quando un bambino fa qualcosa

per lui NON è mai inutile.

A noi può risultare incomprensibile,

ma questo non ci autorizza a svilirne il valore per lui.

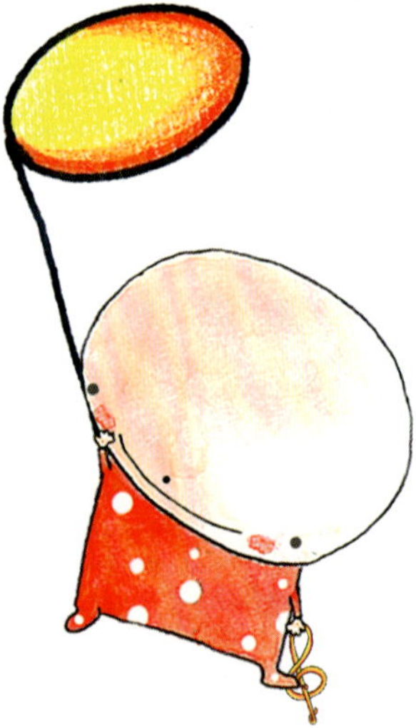

Quando spieghiamo a voce
qualcosa di nuovo a un bambino, anche se piccolo,
spesso gli chiediamo di ripeterla.
E se la ripete BENE ci convinciamo che l'abbia capita.
Non arrabbiamoci se poi non è così...

Soprattutto quando si è piccoli,
si impara attraverso l'esperienza,
non solo attraverso l'ascolto delle parole.

Eccessive aspettative immobilizzano il bambino

invece di indirizzarlo verso il traguardo.

I bambini amano la magia,

perché i bambini sono magici.

Sanno inventare sogni, storie e mondi straordinari.

E sono generosi,

perché sono pronti a condividere il loro sogno con noi...

se lo permettiamo loro.

I bambini hanno bisogno di esempi.

Chiari e pratici.

Mostriamo loro come si fa una cosa,

prima ancora di spiegare loro perché si fa così.

I bambini non sono mai troppo piccoli per capire.

Dobbiamo solo trovare noi i modi adatti

per comunicare con loro fin dalla nascita.

Non capiranno le parole, ma i sorrisi, i suoni e gli abbracci.

Desiderare che i bambini non soffrano
ciò che abbiamo sofferto noi nell'infanzia è naturale.
Ma i bambini vivranno altre sofferenze grandi e piccole,
e questo è importante:
incontrare la sofferenza è fondamentale per crescere,
perché si scopre che si è capaci di superarla.

Soprattutto se le prime volte si hanno vicini mamma e papà.

I bambini non giocano per divertirsi,

giocano per crescere.

Il divertimento è un piacevole effetto collaterale!

La gratificazione migliore per un bambino
NON è comprargli qualcosa che gli piace,
ma FARE insieme qualcosa che gli piace.

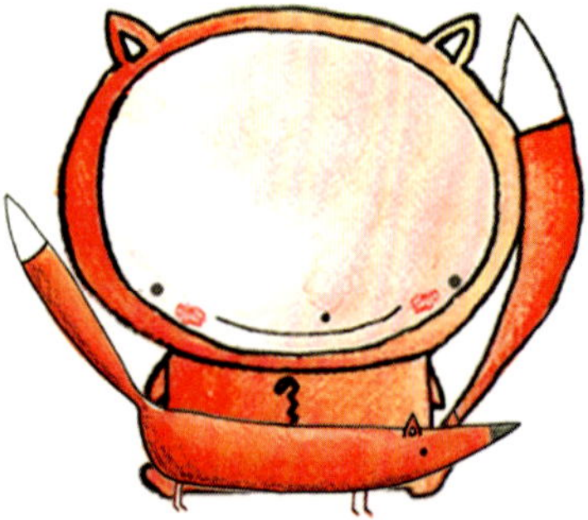

Per rispettare un bambino

dobbiamo rispettare e interessarci alle sue idee.

Coinvolgiamolo e diciamogli:

“E tu cosa ne pensi?”.

Le risposte che avremo

saranno idee grandi e fantasmagoriche.

Prendiamole per buone e, magari, aggiungiamo:

“È vero, non ci avevo pensato!”.

Non possiamo pretendere

che i bambini ci leggano nel pensiero.

Prima di rimproverarli,

assicuriamoci di aver esposto con chiarezza le nostre richieste

e che i bambini le abbiano recepite davvero.

Se i divieti sono nella nostra testa,

lì devono rimanere anche i rimproveri.

Il no di mamma e papà è

NO

e non deve mai essere percepito

dai bambini come un "forse".

Le cose da terra NON si raccolgono, è vero.

Ma provate a immaginare di essere ad altezza di bambino:

che mondo meraviglioso e ricco

a portata di mano per un piccolo alto meno di un metro!

Per loro siamo noi troppo lontani

per poter approfittare di tesori tanto invitanti!

Perciò evitiamo che raccolgano qualsiasi cosa,

ma non arrabbiamoci troppo se ne sono

irresistibilmente attratti.

Il semplice fatto

che un bambino ami qualcosa

la rende viva.

Per questo i bambini faticano a separarsi dai loro oggetti,

perché significa separarsi da un affetto.

E ci vuole un giusto saluto....

Le prime volte in cui un bambino
si vede riflesso in uno specchio
ci viene naturale dirgli che quello è lui.
Proviamo a dirgli:
"Quella che vedi è la tua immagine".

Saremo più precisi e il piccolo non avrà paura di sparire
quando si allontana dallo specchio.
Perché non è lui, ma la sua immagine.

Impariamo a guardare il mondo

con gli occhi dei bambini,

per riconoscere le loro emozioni

e per sentire il mondo insieme con loro.

E non al posto loro.

Quando mi parli rimanendo in piedi,
adesso ti dico quel che tu non vedi.
Non vedi che faccio tanta fatica
e che devo mettermi in punta di dita,
perché la tua voce la sento e la ascolto,
ma non tutte le parole io le conosco.
E fatico di più a capire perché
manca il contatto visivo con te.

Quello che vedi dalla tua prospettiva
è lasciato solo alla tua inventiva.
E quel che più conta e rimane celato
è che non mi vedi guardarti ammirato;
se poco ti abbassi vicino a me,
è tutto più bello per me e per te.
Dentro ai tuoi occhi mi vedo riflesso
ogni cosa che dici per me è un successo,
perché ti capisco e vedo il tuo viso
e dentro al mio cuore nasce un sorriso.

Elisabetta Rossini e Elena Urso sono pedagogiste e autrici di libri per bambini.
Hanno un apprezzato studio di Consulenza Familiare a Milano dove aiutano genitori e bambini a risolvere piccoli e grandi problemi di relazione, comunicazione e comportamento.

Questo libro nasce dalla nota pagina facebook Consulenza Pedagogica Rossini-Urso, seguita da oltre 160.000 persone, in cui l'esperienza professionale e umana viene condensata nei loro post quotidiani: un modo originale per parlare ogni giorno con straordinaria semplicità, leggerezza e chiarezza anche dei temi più importanti e delicati legati all'infanzia.
L'idea di raccogliere i post più amati in questo libro nasce dal dialogo continuo e stimolante con mamme, papà, nonni e insegnanti.
L'intento è di avere un agile, colorato e indispensabile promemoria personale da sfogliare in ogni momento, in modo da alleggerire i dubbi e le incertezze di tutti i giorni e crescere con serenità con i propri bambini.

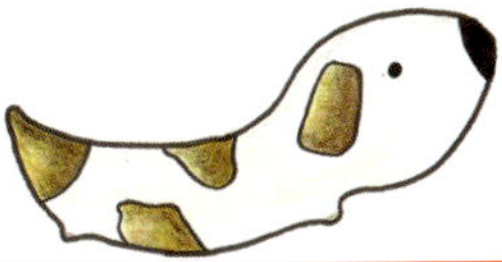

www.consulenzafamiliare.com